당신의 루우움

유안나 시집

시인동네 시인선 055

유안나 시집

당신의 루우움

시인동네

시인의 말

어제를 펴 올린다.
내일을 끌어당긴다.

손가락과 심장으로
점에서 선으로
내 눈 속의 바람새와 함께 가리라.

돌을 가져다 한 생을 연마하는 우직한 세공사,
당신을 위하여.

2016년 5월
유안나

차례

제2부

제3부

제4부

제1부

톨레도 마음

길을 잃었습니다. 해는 지고 빗방울이 떨어지고 있었습니다. 나는 마을 쪽을 향해 걸어갔습니다. 마을 안으로 들어가자 마을 속에 마음이 풍차를 돌리고 있었습니다. 마음속에 마음속에 마음을 끝없이 돌리고 있었습니다. 마음의 골목은 미로처럼 좁고 좁아서 길을 잃으면 나올 수가 없다고 했습니다. 어떤 미로 같은 마음으로 저녁이 짐을 싣고 터벅터벅 걸어가기도 했습니다. 사람들은 알아들을 수 없는 자기들만의 말을 하며 가고 있었습니다. 마음에게 길을 물었지만 마음은 좀처럼 대답을 하지 않았습니다. 아니, 마음은 나를 전혀 보지 못하는 것 같았습니다. 그때 갑자기 집이 생각났습니다. 대문 앞에 여자아이가 쪼그리고 앉아 있는 집. 얘야, 여기가 너희 집이니 묻자 소녀의 마음 중년의 마음 백발의 마음이 휙 돌아봅니다. 미혹(迷惑)의 마음을 따라 미흡한 마음 하나가 따라 걷고 있었습니다.

그 많던 삐비는 누가 다 먹었을까

들판에는 삐비가 그득했다
나는 그것을 들판의 빵이라 불렀다

연한 삐비를 씹으며
산과 호수를 넘고 넘어 바람의 등을 타고 다녔다
숨 가쁘게 달리다 뒤돌아보면
어느새 사막이었다
소금부대를 짊어진 늙은 낙타 발자국이 깊게 패여 있었다
빵이라는 이름의 하얀 뼈들이
하얗게 자라나고 있었다
삐비꽃처럼 피어나는 뼈들을
거대한 검독수리들이 내려다보고 있었다
뿌리가 튼실한 빵을 키우고 싶었지만
나는 너무 왜소했고
나의 손은 너무 작았다

삐비꽃이 뚜벅뚜벅 피어날 때
삐비새 한 마리

삐비 삐비,
배고픔을 쓰다듬으며
빵 공장 굴뚝에 앉아 울고 있었다

---

*박완서 소설 『그 많던 싱아는 누가 다 먹었을까』에서 변용.

산벚꽃

자리가 비어 있다
그 자리 무엇으로 채울까
당신이 두고 간 서랍을 뒤적여본다

서랍 속엔 알약 같은 별들이 나뒹굴고 있다

미래도 서랍처럼 살갑게 열리고
빠르게 늙어서 무엇이든 다 알았으면 좋겠다

어디서 오는지 모를 황사바람에 걸려 넘어지면
나는 언덕에 앉아 울었고
노복처럼 하늘을 흘겼다

빈자리가 따끔거린다
봄밤을 메우기 위해 꽃이 피어났다고 생각하며
통증을 달래야 할까

흉터는 이쪽과 저쪽을 가로지른다

장례식장에서 사랑하는 사람을 떠나보내는 것도 생의 구덩이를 파는 일

방패연을 놓친 아이처럼 하늘을 바라본다
날아간 연줄은 울음을 달고 어디에도 걸리지 않는다

흰 그림자에 산벚꽃을 채워 넣어야 할 것 같다

하늘도 빈자리에 별을 채워 넣고 있다
나 여기 있다, 라고 대답해주는 하늘을 바라본 적 있는가

여기 자리를 비우고 그 별에서 깜박이는 당신을 바라본다

비 냄새

저수지가 여자를 밀어내자 사람들이 모여들기 시작했다
엎어진 여자를 누군가 바로 누이자 귀와 코에서 물이 흘러 나왔다
그때 잠깐 구름 사이로 햇빛이 넘어왔다

여자의 긴 머리카락이 어두운 햇살을 감당하지 못하겠다는 듯
눈과 이마를 가렸다
누군가와 은밀한 대화를 나누고 싶었는지
입술을 반쯤 열린 흰 치아가 드러났다
흰 블라우스 사이로 드러난 배가 가슴보다 불룩했다
속이 허할 때 꾸는 꿈이 커지고 부풀었으리라

두근거리며 부풀었을 꿈
사람들의 시선이 그곳에 모아지는 동안 수많은 말이 가지처럼 출렁거렸다

귀와 귀를 건너가는 동안 누구는 그것이 사인(死因)이라 하

였고

누구는 또 다른 의혹을 바람처럼 무럭무럭 키웠다

누군가 여자의 긴 머리카락을 젖히자

오뚝한 콧날 위로 다 감지 못한 초점 잃은 눈이

사람들을 훑어보았다

점점 자라는 의혹이 재미있다는 듯 동공은 짙게 흘러가는 구름을 깔고,

시신이 수습되자 소나기가 한차례 퍼부었다

저수지에서 수많은 혀가 거세게 돋아났다

금자 씨

금자 씨의 다리는 한쪽은 짧고 한쪽은 깁니다 어느 다리가 멀쩡한 다리인지 모르지만 뒤뚱뒤뚱 어디든 잘 다닌다고 합니다 금자 씨의 집은 고층아파트 맞은편 달동네 일찍 달이 떠서 빨리빨리 자고 열심히 일하라고 달동네라고 아랫동네 사람들은 부릅니다 몇 해 전 금자 씨 노모가 풍으로 쓰러졌습니다 사람들은 고층아파트가 생기면서 바람의 통로를 막아서 병이 들었다고도 합니다 사람이 적당히 바람도 맞고 볕도 잘 받고 해야 병도 안 생기고 무병장수한다고 입방정을 떱니다 뭐, 사람이 화초도 아닌데 말입니다 말도 안 되는 소리 그만 씨부리고 자기 집 화분이나 간수 잘하라고 금자 씨 악다구니 쳤습니다만, 절뚝거리는 금자 씨 다리도 알고 보면 바람이 안 통해서 짝짝이가 되었다고 생각하면 후후! 맞는 말 같다는 생각도 할 때가 있습니다 우리의 금자 씨 재봉틀 하나로 이 달동네의 반세기를 오리고 자르고 재단하며 꿋꿋하게 살았습니다 자기 다리 아작 나는지도 모르고 페달을 밟고 또 밟았습니다 없는 집에 늦게 시집와 지지리 궁상으로 살았지만 열다섯 달덩이처럼 순한 아들 하나 있고 이십 년 된 재봉틀처럼 손발 달달거리는 노모가 있어 한세상 살 만하다고 그 자랑 그칠 줄 모릅니다 금자 씨의 다리는 한쪽은 짧고 한쪽은 깁니다 자고 일어나면 고층아파트는 삐죽삐죽 올라가고 어떤 다리가 원래부터 있던 제 다리인지 모르지만 어디든 뒤뚱뒤뚱 잘 돌아다닙니다 땡깡쟁이 노모도 밥 잘 먹고 똥도 잘 싼다고 합니다 중학생 아들도 공부 잘하고 속 썩이는 일 없다고 합니다

백야

바다가 오랫동안 잠들지 못하고 뒤척이네요
사연이 사연을 몰고 와 바다의 등짝은
자꾸만 자꾸만 휘청거리네요
엄마, 엄마, 보세요 내 손끝에서 피어나는 환한 울음을요
생의 마지막 역린처럼 해의 잔광이 일어서고 있어요
저 쓰러질 듯한 몸짓은 오래전 누군가의 뒷모습 같지 않나요

속눈썹에 붙은 엄마의 눈알이
지도 밖에서 튀어나와 꿈틀거려요
그래요, 엄마의 지도는 와룡마을이 전부였죠
엄마는 이참에 아빠와 언니의 눈동자까지 몰고 와
내 속눈썹에 단단히 올라앉아요
나는 당신들의 눈동자를 속눈썹에 올려놓고
사람들을, 집들을, 나무들을, 잠들지 못하는 바다를, 바라보지요

보세요! 만년설이 옷을 벗네요
무겁고 낡은 옷을 갈아입네요

벗은 옷을 산 아래로 던지자
한때의 무리들이 환호성을 지르는군요
나를 쫓아온 내 아비의 뼈들도
구름 속에서 배회하다 달려 나와 빠르게 춤을 추네요

나는 그 모든 것을 눈썹에 붙이느라 눈꺼풀이 내려앉아요
그래서인가요, 한밤에도 지지 않는 해는
엄마와 내게 알아들을 수 없는 수화를 하고
나의 머릿속은 하얗게 비어가지요
비행기 한번 못 타보고 지구 밖으로 밀려난 엄마
보세요! 저 풍경들을
하얗게 하얗게 어두워지는,

나사못

서랍이 덜컹거린다
헐거워진 내 옆구리가 새고 있다

나사못을 꺼내왔다

통점이 모여 있는 머리는 가분수다
비명을 삼킬 때 퍼져 나갔을 결절들 쪽으로
한 무리의 검은 그림자가 몰려 있다

내 허리에도 너처럼 예리한 결절이 있다

한 생을 꼿꼿하게 벼리고 있는 너
휘몰아치는 바람도 저 끝은 피해 가야 한다

몸통의 반은 어제다
빗금이다

문제는 머리통

나사렛 예수를 기다리는 듯한 저 십자가
무엇의 깊이를 재는가
수심이 검다

통증을 견디는 옆구리는 푸르게 부풀어 있다
요절한 그 남자의 피에
내 통점을 옮기고 싶어진다

빙빙 조여들어간다
온몸이 욱신거리며 상처 속으로 들어간다

서랍은 다시 단단히 고정되었다

돌고 돌고 돌고

엄마와 아빠는 양쪽 끝에서
줄을 쥐고 쌩쌩 신나게 돌렸어요
언니가 뛰고 오빠가 뛸 때까지 줄은 팽팽하게 잘 돌았지요
내가 들어가 뛰려고 할 때
입이 반쯤 돌아간 아빠가
풀썩 바닥에 주저앉아 일어나지 않았어요
그렇지만 엄마는 혼자서 죽을힘을 다해 줄을 돌렸지요
나는 뛰고 싶었지만 뛸 수 없었어요
일으키려 했지만 아빤 요지부동 침만 질질 흘렸어요
어쩔 수 없이 다른 줄을 찾아 달렸지요
전선이 많은 창신동 골목길을 냅다 달렸어요
엉킨 전선 하나쯤 내려와 돌려줄 것 같았어요
전선 사이에서 뛰었어요
재봉틀 바늘처럼 뛰었어요
촘촘하게 온 세상을 박음질하기 시작했어요
이제 그만 뛰고 싶은데
골목이 좀처럼 놓아주지 않았지요
발바닥에 탁구공만 한 물집이 생겼어요

이제는 전봇대가, 이 골목길이, 나를 돌리고 또 돌려요
뛰면서 아기를 셋이나 낳았어요
유치원도 보내고 대학도 보내고 군대도 보냈어요
무릎이 시큰거리는데 줄은 쌩쌩 잘도 돌아요

배암의 등을 밟고

배암의 등을 밟았습니다
미끄덩 발바닥이 소스라치고
발등이 화들짝 솟구치고
발목이 덩달아 휘청하고
무릎이 갈팡질팡하고
항문은 입술을 꽉 깨물고
오줌통은 문을 열까 말까 망설이고
등뼈가 목뼈를 타고 마구 올라가고
어깨에 큰 돌덩이가 매달리고
온몸의 털구멍이 꽃씨처럼 터져 나오고
누워 있던 털들이 불시에 벌떡 일어서고
허물을 벗어버린 비늘도 없는 미끈한 어깨가
꽃무늬도 없는 시퍼런 몸통이
세모난 머리통이
세로로 혹 찢어진 눈알이
머리를 꼿꼿이 세우고 긴 혀를 쑥 내밀고
오오오오 아아아아
두 눈알에 쌍심지를 켜고 쫓아옵니다

나는 무작정 내처 달리고 또 달렸습니다
논둑을 달리고 시냇물을 건너자 봄이 왔고
시뻘건 강을 건넜고 산을, 악산을 넘어 여름을 뛰고
가을을 가로질렀습니다
배암 때문인가,
이제 내 다리와 허파는 제법 튼튼해졌습니다
어쩌면 애초부터 따라오지 않았을 붉은 혀
나는 그 혀가 무서워,
이 산 저 산, 구불구불 달리고 또 달려갑니다

킬링필드

내 속에 해골탑 하나 있네
어린 해골 늙은 해골 젊은 해골
사기꾼 해골 난봉꾼 해골 여자 남자 해골들
해골 밑에 해골, 해골 옆에 해골, 해골들 쌓여 있네
자꾸 쌓여만 가네
죽창에 찔려 구멍이 난 해골
칼자국이 난 해골
어느 해골은 총구멍이 뻥 뚫려 있고
어느 해골은 으스러져 있고

나는 그 해골들에 살을 붙이고
옷을 입히고 모자를 씌우고 인사를 하네
하이! 해골, 그동안 잘 지냈나요
오늘 뭘 하고 지냈나요

해골과 함께 말을 하고 밥 먹고 싸우고 사랑을 했네

나 어쩌면 누구의 해골탑 중의 하나인지 몰라

해골이 잠깐 살을 붙이고 옷을 입고
누구의 꿈속에 살고 있는지 몰라
누군가는 꿈속에서 나를 본 기억으로
섬뜩한 아침을 맞을지도 몰라

시퍼런 꿈속에
칼날 같은 아침이 들어와 박히네

불면

시곗바늘이 수저를 들고 오는 거야. 찬이 준비될 동안 내 몸을 먹으라 했지. 먼저 다리를 내주고 손끝을 내주고 가슴을 내밀었지. 가슴엔 가시가 많아 자꾸 멈칫거리는 거야. 가시를 발라내고 수저에 담아주었지. 가슴을 떠먹고 머리까지 먹으러 수저를 들이대는 거야. 난 이미 손을 떼어주었음으로 머리를 떠먹도록 도와줄 수가 없었어. 그런데 밤새 수저질을 하는데 좀처럼 머리가 덕히지 않는 거야. 먹어도 먹어도 계속 울컥거리며 뇌수가 흘러나왔어. 시계는 지쳤는지 수저를 들고 벽으로 돌아가고 머리는 다시 팔다리를 불러들이는 거야. 시곗바늘이 내 몸을 먹지 못한 채 다시 벽으로 돌아갔으니 난 천정을 아작아작 뜯어먹기 시작했어. 그러니까 느닷없이 별이 보이는 거야. 무엇이 되기 이전의 모습, 무엇이 되어본 후의 이름, 무엇을 겪어본 후의 방황이 깜박이는 거야 나는 늙은 새우처럼 등을 꾸부리고 새벽으로 새벽으로 노를 저으려고 해. 해가 뜨고 있어, 해의 시계가 내 방 창으로 달려들고 있어.

비등점

막장드라마 속 불륜 남자의 뺨이 시뻘겋다
화면 속의 여자와 화면 밖의 여자
동시에 비등점인가

보이지 않는 불꽃이
심장 한 접시를 끓이고 있다
한낮이 활활 잘도 타고 있다

까맣게 탄 공기의 몸을 들어올리며
환풍기가 돌아간다
하얀 연기가 뭉쳐지며 풀어지며 꾸역꾸역 흘러나온다

온 세계가
지글지글 자글자글
끓고 있다

고흐의 잠

당신의 방에 들어갔어요
푸른 벽이 하늘로 데려갔지요
알 수 없는 동그라미들이 떠다니고 있었어요
다시 바닷속으로 데려가데요

아가미 헐은 물고기들이
수초 사이로 숨어들고 있었어요
들여다보면
당신 같고 나 같고
우리는 아가미를 맞대고 한참을 바라보았죠

갈색 침대에 누워 보았어요

당신의 잠 속에는 바퀴 달린 달이 붉게 타오르고
독수리가 그 달을 콕콕 쪼고 있었어요

얼마나 큰 하늘을 흔들어야 타오를까요

내 아가미에서
당신의 귀가 자라고
당신의 귀에서 내 숨소리가 흐르고 있었어요

우울한 거울이 나를 바라보고 있군요
칠이 벗겨진 마룻바닥이 흔들려요

이제, 나 돌아가지만
당신의 불타는 눈빛은 쥐고 갈게요

밤비

너는 나에게로 온다
잔걸음으로 오다 뛰어오다
숨찬 듯 조금 쉬었다가
다시 와서 중얼중얼 알아들을 수 없는 말을 한다
잠든 나의 얼굴에 이마를 대어보고 싶어서인가
볼을 비벼보고 싶어서인가
나는 아직 건조하다
너는 나를 만질 수 없고 나는 너를 볼 수 없고
말없이 다만 젖어야겠지만
창문을 닫는다
너의 목소리처럼
익숙한 소곤댐이 밤이 깊도록 창밖으로 서성인다
전에도 너는 창밖에서 울다 간 적이 있다
나는 이제 점점 목이 타서
젖고 싶지만 창이 열리지 않는다
그래서 귀를 막으려 한다
그랬더니 귓속으로
온갖 천둥 번개가 들어오고

번쩍이는 파열음이 들어앉는다
가거라! 밤비여
채찍이면서 창살이면서 무거운 발걸음이여
아스팔트로 흘러가는 너의 울음소리를 듣는다
밤은 눈을 부릅뜨고 나를 바라본다
나의 눈동자 위에 너의 발걸음
나는 한사코 젖지 않으려 돌아앉는다

접삭(接朔)

남자가 moon을 밀고 떠나갔다

여자는 빈방으로 돌아가 달의 뒷덜미를 샅샅이 닦고
귓속에서
들려오는 말을 밀어내며
오래오래 남겨진 달을 앓겠지만

그때 달은 빛으로 얼어붙고
얼음성애로 여자는 타들어가기도 하겠지만

남자의 그림자를 껴안고
캄캄해지기도 하겠지만

삭(朔)이 어둠을 다 살라 먹고 제 몸 키워내면
이 세계는 밝음으로 휘영청 불온해지리라

여자의 머리 위로 남자의 유성우가
한없이 떨어진다

웅크린 여자를 안은 달이
틈실하게 차오른다

귤의 시간

화투 패를 맞추는 노파 옆에서 감귤의 바깥을 벗긴다
노파의 얼굴이 감귤의 바깥처럼 자글자글하다
노파는 지금 탱탱했던 바깥의 시간에 쪼그리고 앉아 있다
공처럼 웅크리고 있다

바깥이란 무엇인가
안이란 무엇인가
당신의 손등을 훔쳐보던
무한한 시간의 거리를
나는 감히 측량할 수 있을까?
노파의 시간이
꽃과 나비가 날아다니는
화투짝 위에
봉분처럼 수북하다

제2부

허기

비빔밥이 커다란 양푼을 비빈다
비빔밥이 숟가락을 비빈다
철퍼덕 퍼질러 앉아
할머니와 어머니를 비볐던
바람과 구름과 비의 날들을
그렁그렁 쇳소리 나도록 비비고 또 비빈다
비빔밥이 깎여나간다
숟가락의 등이 자지러진다
푹푹 한숨을 내쉰다
비빔밥이 비빈 소녀가
비빔밥에 찍혀 너덜거린다
자자손손 양푼을 비빈다
자자손손 숟가락을 비빈다

누흔

당신의
이마가 나오고
눈썹이 나오고
무너졌던 벽이 솟아오르고
떠나갔던 들숨과 날숨이 뭉클뭉클 피어나옵니다

코와 입술이 파릇한 면도 자국으로 자랍니다
당신의 어깨를 만지고
손을 만지고
단단한 팔의 정맥을 더듬을 때
당신의 두툼한 손이 나의 허리를 감싸 안고 조여옵니다

꽃이 되려 할 때
벙글거릴 때
당신의 입술이 등이 무릎이 구부러지고
당신은 유리창으로 흘러내립니다
당신의 잠까지 달려가지 못한 나의 노래는
미라처럼 굳어집니다

당신의 모습은 바람에 나부끼는 연기이다가
물방울로 유리벽에 멈추고
유리창의 눈시울이 붉어집니다
함께 흘러내립니다

* 이용임의 시 「안개주의보」에서 변용.

당신의 루우움

당신은 문을 활짝 열어놓고 나에게로 온다
와서 쉬어가라 한다

어제는 짐이 무거웠으므로
오늘은 밖으로 들어간다

당신의 안이었으나
잠긴 문이 여럿이어서 당신의 모습을 찾을 수 없다
어두운 빛만 새어나올 뿐이다

당신을 열기 위해 오랜 시간 마음을 벼렸는데

문 앞의 거울은
딱딱해지고 구겨지고 있는 내 모습을
되비치고 있다

당신을 먹고 마시고
나는 당신 안에 있으니

나를 키우는 흙
그것은 당신에 대한 나의 그늘

거울을 밀치고 들어간다
하나의 방을 열면 열 개의 방이
열 개의 방을 열면 백 개의 천 개의 방으로 이어지고 있다

당신의 발자국 소리는 맛있지만
당신이란 당신은 도무지 먹을 수가 없다

나는 당신의 거울을 버린 적이 없어서
나는 당신의 겨울이 되기로 한다

씨앗 한 줌을 들고
돌밭의 부드러움을 판다
당신의 루우움을 판다

검은 긍휼

두 팔을 넓게 벌린 한 남자의 초상이
지나가던 나의 발길을 껴앉는다

한 마음의 내부로 한 마음의 외부가
한 점으로 들어간다

내 편안한 불편함을 아는지
내 눈치를 살피던 내 안의 나는
이제 괜찮아? 정말 괜찮은 거야? 묻곤 한다

그럴 때면 조용히 내 안의 나는 고개를 끄덕인다
그러나 믿지 못하겠다는 듯
정말 이제 괜찮아졌냐고 다시금 되묻는다

세상이 뒷덜미를 낚아채는 폭풍우 속에서도
꿈쩍 하지 않는
묵묵히 그 자리를 지키는 예수 같은 바위를 나는 사랑했다

이런 생각은 오래된 생각
낯설지만 낯익은 생각
한 줌 열에 고드름 칼이 뚝 떨어져 내리는

단단한 마음이
빛의 파장에 관통되는 것 같은

그리 멀지 않은 바위의 흑점 속으로
검은 바람이 풀무질을 시작하고 있다

꽃병

한 묶음의 바람을 엮어
그대 영전에 엎드리네

그대는 목소리를 꺾고
눈빛을 꺾고
발걸음을 꺾어
내미네, 불쑥

준비 없이

그만 내 몸에 꽂아버렸네

국화꽃 그림자 달빛으로 자라고
목구멍에
봉분처럼 울음이 돋아나네

얼룩진 꽃병을 닦으며
그대 찬 이마를 쓸어 만지네

젖은 귀밑이 어룽지네

그 남자

겨자씨만 한 남자가 있었다

그 작은 남자가
눈에 보였다가 안 보였다가
다시 보였다가 안 보였다가 한다
돌담을 돌아 가시덤불을 지나
터벅터벅 가고 있는데

그 남자 겨자씨만 한 남자가 몸이 부풀어서
조금씩 커지며 내 앞을 가고 있었다
겨자씨만 한 그 남자
손톱만 한 남자가 발길에 차이면서
커졌다 작아졌다 내 앞을 가고 있었다
저 거슬리는 남자 누구에게 보내버릴까
생각할 때 바로 그때
넘어지며 휘청거릴 때
손톱만 한 남자가 순식간에 커지더니
넘어지고 있는 나를 재빠르게 받아주었다

볼 때마다 고개를 숙이고 있는 남자
무뚝뚝한 남자, 웃을 줄도 화낼 줄도 모르는 남자
다시 작아지더니
내 앞을 또 지나가고 있다
저 남자 키워 볼까
저 남자 쑥쑥 키워서 더 키워서
그의 등에 업혀 갈까
내 짐도 그의 등에 지워줄까

내가 데려온 남자 내가 키운 남자 내가 작아지게 한 남자
손톱만 한 남자 겨자씨만 한 남자가 앞에 가고 있다
내가 넘어지면 커지는 남자, 그 남자가
침울하게 비를 맞으며
자꾸 뒤돌아보며 가고 있다

북채

나 고창에 갔네
일가친척 한 사람 없지만
목줄기에 흐르는 강물 소리 있어 갔네
버드나무 가지 꺾어 피리 불면 어린 뱀이 따라오고
송아지 울음소리 그 뒤를 따라오네

산꿩 푸드덕 날아가고
산꿩의 울음소리 같은 붉은 동백꽃 송이째 떨어질 때
나는 그 울음을 던져
북채 하나를 얻었네
내 유년의 한때를 흠씬 두들기고 싶었네

나 고창에 갔네
북채 손에 쥐고
북 찾아 갔네
손에 든 시뻘건 북채는
북을 찾아 두리번거렸네

신앙촌 호랑이 무늬 담요 덮고
낡은 북이 누워 있있네
가만히 들여다보니
구름을 덮고 있는 달이었네
붉은 울음이 다 풀릴 때까지 두들기라고 둥그런 등을 내미네

달의 눈빛이 보낸
슬픔의 그물에 걸려 넘어지며
등 뒤에서 쫓아오는 발자국 소리 들으며
내 등은 휘어 둥그러지고
북채를 들고 쫓아오는 손에 나도 등을 내미네

가부끼

꽃이 피고 있다

얼굴에 흰 회칠을 하고

춤을 추고 있다

저 슬픔이 온전히

바닥에 이르면

저녁을 저녁이라고 말할 수 있을까

허공에 음표를 그려 넣는다

몸의 바닥을 기어 나온 어둠이

회칠한 오후를 벗긴다

바야흐로 꽃의 날들이다

흩날리는 풍경이 슬픔으로

하늘거리고 있다

밤의 무늬

밤송이 속에서
내밀하게 그 속살이 자란다
당신의 눈빛과 내 입술에서
무기가 자라난다

자란다는 건
당신과 나 사이의 동그라미가 천천히 쪼개지는 것
뜨거운 바람으로 머리가 솟구치는 것
습기 가득한 바닥에 곤두박질 쳤다 나뒹구는 것

당신의 가시를 발음하는 밤
낯선 밤의 물소리는 뿌리를 따라 흐르고
타인이라 여겼던 등 위로
내가 박은 푸른 못 자국

손끝으로 쓸어내린다
때론 풀꽃이 되고, 때론 칼끝이 되는,
도무지 감당할 수 없는 것은

내 눈 속에서 당신의 밤이 헐리고 있다는 것

누군가의 속살 안에 들어가 불을 켠다는 건
피를 돌리는 것
피를 말리는 것

당신의 무늬를 더듬어보다가
이내, 먹먹해지는

칼집

내 머릿속에는
칼 한 마리 살고 있다

뇌동맥 깊은 곳에 줄을 치고 산다

운명을 쥔 머릿속 칼날
칼날이 나를 쥐고 흔든다

잊을 만하면 다시 찌르고
나갔다가 다시 들어와
여기저기 찌르고 할퀴는 칼 한 마리

나는 칼날과 동거하며 산다

혼인하진 않았기에 이혼할 수도 없는
우리는
서로의 집이다

보라

도라지꽃 피었다

보랏빛은 아프게
흰빛은 더 아프게

도라지꽃 피었다

화살을 날려 보낸 당신과
화살을 맞은 나 사이

보랏빛 무덤이
피었다

sand man

사막의 모래바람을 뚫고
그가 와 있다

수만 번 몸을 바꿔가며
내가 기다려온 사람

겹겹의 관을 들어내고
만나본 그는
아마포에 쌓여 누워 있었다

눈언저리와
콧날은 헐리고
팔다리 살들도 달아나고 없다
고른 이빨만
웃는 듯 우는 듯 잇몸을 붙잡고 있다

눈을 감고 빽빽한 어둠을 헤집어 당신의 살을 만져본다
몸을 만져보는 순간

주검이 흰 뼈로 흘러내린다

다시
수만 번 몸을 바꾸어도
한 생은 꼭 그와 함께 늙어가야 할 사람

바람술래

생의 가장 후미진 곳을 보여주려는 듯
썩은 고기를 찾는 독수리처럼
보이지 않는 곳에서
틈을 보는 소리 들린다

모든 새가 날개를 오므리고

창문에 가로세로
테이프 붙인 사람이 창문을 꼭꼭 걸어 잠그고
그 소리를 듣는다
독수리에 아비를 내준 순록처럼

부르지 않았는데도
태풍은 오고

평생을 숨어 있다가 들킨 뒤통수처럼
귀가 눈 안으로 들어간다

눈감고 밤을 밀듯이

검은 실을 뽑아 흰 아침을 짜듯이

나무의 방

아무리 잡아도 허공이었다
한 나무가 어깨를 내어줄 때까지

그 품에 몸을 들이고
부드럽게 안겨 있는 나를 본다

다시 숲을 뒤집는 소요

나는 태풍이 몰려오는 쪽으로 머리를 두고
날개를 들어 올려 힘껏 맞선다

수천의 나비 떼를 모아 바람을 쫓아버리듯이
이파리들 우우 일어선다

얼음이 매달린 발톱은
공중에서 오래 떨었고
나는 그것 말고는 아는 것이 없다
울음을 삼킨 숨소리만 들었으므로

지금은 이 나무에서 내가 나를 우는 시간

나무의 방에서 우는 동안 깃털이 하얗게 돋아났다

대추

붉은 빛이 돌기 시작하면서부터
나는 자주 뱀에게 물리는 꿈을 꿨다

맨발로 언덕을 올랐다
집에서 큰 뱀이 나와 담을 넘어가고
메밀꽃이 하얀 뼈처럼 흔들리며 웃었다
숨고 싶었으나
날카로운 눈빛이 쫓아왔다

언니는 깨진 무릎에
갑오징어 뼈를 갈아 발라주었고
잠든 동생의 볼엔 눈물 자국이 말라 있었다

나는 기침이 자주 나왔고
그때마다 말을 먹고
꾹 삼켰던 말들이 다시 치밀어 오르기도 했지만
다시 먹곤 했다

왜 엄마는 흰 옷만 입고
서울 간 오빠의 편지는 오지 않을까
한숨 소리는 자주 들었지만 물어보진 않았다

아빠라는 익숙지 않은 이름이 입 밖으로 나올 뻔했다

누가 대추나무에 마음을 놓고 갔나
대추가 핏빛으로 물들고 있다

아우슈비츠
—눈

눈들이 벽에 걸려 있다
빰도 없고 턱도 없고 머리카락도 없는
눈. 눈. 눈.
눈들이 하염없이 눈을 기다린다
벽에 걸린 채 기다린다
늙지 않고 명명백백 기다린다

죽은 눈이 산 눈을 들여다본다

죽은 눈은 여러 번 죽어봤다는 듯이 눈 하나 끔쩍하지 않는다

눈들이 밀려온다
소떼처럼 몰려온다
쓰나미처럼 덮쳐온다

아아~ 하고 입을 벌린 공포가
천정 위에서 희미하게 웃고 있다

제3부

작약

애인아! 저 꽃 좀 붙잡아둘래

피자마자 늙어버리는
꽃

아침이면 저 혼자 눈감을 꽃
참 가볍게 지는
꽃

손바닥을 털며
탁탁
비로소 불꽃으로 타올라
아름다운,

저, 붉은 꽃!

하늘 어디를 구르다 나오시는가

매미는 이제 노래를 둘둘 말아 등에 메고
먼 길 떠날 채비를 하고 있다
공원 화단에 칸나는
죽은 꽃잎을 날려 보내야 할지 땅속에 묻어야 할지
생각에 젖어 있다
분꽃은 한여름을 잘 익혀
이미 열매 속에 담아놓았다
풀벌레는 목구멍이 좁아져
입술만 들썩인다

그러니까 무엇에서 무엇으로 건너가고 있다

냇가의 돌은 구르고
달은 둥글어지고 있다

칠월 열이레
오늘은 어머니의 기일이다
어머니는 또 하늘 어디를 구르다 기우뚱한 모습으로 나오

시는가

저 돌이 달로 둥글어지기까지는

얼마나 많은 뼈마디를 구부려 넣었을까

전라선 밤차를 타고 푸른 문을 열면 만나고 올 것 같은 달의 이마

그 둥근, 하늘

현기증

미친 여자가 처마 밑에 앉아
젖을 먹이네
그 여자
초점 없는 눈 속으로
내가 들어가네
그녀의 눈 속에 섬이 뜨네
그 여자 눈 속의 구름 하나가 둥둥 떠서
내 정수리를 잡아당기네
봉두난발한 그 여자가
구름 속으로 끌려가네

그 둥근 담장 너머 능소화 넝쿨을 뚫고 나와 마음의 경계를 따라 나 한없이 번져가네. 새하얀 머릿속을 누가 막 헤집고 뒤지네. 제아무리 야무지게 움켜쥔다 해도 손톱의 치명은 피할 수 없네. 그것은 그녀의 첫사랑, 사랑에 관한 모든 혼란, 눈부시도록 환한 이탈, 뜨거운 입술에 일단 빠져들고 나면 세상의 다른 것들은 환란으로 찬란했네. 돌아서서 맺힌 눈물 한번 훔쳐내고 나면 그만이라 하는데, 그래도 뿌리의 끝은

과연 어디인지 파보고 싶어졌네. 맑은 물에 아흔아홉 달을 담가두어도 지워지지 않는 눈동자를 좇아가네.

머리를 풀어헤친
원추리 같은 년
샛노란 혓바닥을
뾰죽 뾰죽 내밀던 년
심장 한쪽을 작두로 싹둑 자르고 간 놈을
부르고 다녔던 년
등짝에 업힌 애는 절대 놓지 않는 년
모래바람 몽땅 뒤집어쓴 년

깔깔거리며 좇아오네 노란 혓바닥 내밀고 좇아오네

그래 너도 미쳤지 그래 나도 미쳤지

서어나무 우듬지를 본다는 것

흔들리는 서어나무 우듬지에

까치가 앉았다 간 뒤

어느새 빈 둥지에 한 움큼 고요가 담기네

고요함은 맨살로 빈 둥지만 쥐고 있네

고요함이 서성거리네

빈 둥지에 머무는 햇살은 먼 바람을 다시 부르네

나뭇잎이 떨어지네

서어 서어 떨어지네

떨어진 나뭇잎 위로 눈이 쌓이네

쌓인 눈 위로 한 줌 햇살이 비추네

서어나무 우듬지가 겨울 어스름에 잠기면

만 평의 쓸쓸함과 한 가마니의 간절함이

당신과 나 사이에 여울로 흐를 것이네

콩나물에 대한 단상

비빔밥에서 콩나물을 골라냈다.

콩나물이 없는 비빔밥은 밥알이 실존주의다. 콩나물이 싫다. 비빔밥에 고추장이 들어가고, 도라지가 들어가고, 고소한 참기름이 들어가면 콩나물은 긴 꼬리를 슬그머니 감추는 스토아학파처럼 순종적이어서 싫다.

콩나물은 몰개성이어서 싫고, 값이 싸서 싫고, 몰지각한 당신만 보면 파랗게 질려서 싫고, 물만 주면 줏대 없이 키만 껑충 커져서 싫고, 없어도 있고 있어도 없어서 싫다. 무엇보다 검정 비닐봉지 속에 담긴 싸구려 생이 싫다.

어머니는 귀먹고 눈멀고 입 닫고 삼 년씩 살았다 했지만, 그건 씨알도 안 먹히는 거짓부렁. 시루 속에 콩나물 대가리는 다 안다. 콩나물 대가리는 시루 속에서 어머니와 함께했으므로.

싫어서 실해져가는 콩나물이 오늘도 당신의 방, 윗목에 웅

크리고 앉아,

구불구불 자라고 있다.

능소화

피 더워지면 혀에 노란 바늘이 돋았다

뼈에 스미는 지독한 연서

피가 희어지고 몸통이 검어지는 당신을 보았다 내 혀에 독이 있다는 것을 알았으나 무시로 태양을 베어 문 죄로 내 손으로 내 몸의 불꽃 내릴 수 없는 것도 형벌이라 하여

생의 순환을 안고
빗방울 후두둑 꽃모가지를 치고 떨어진다

사랑이 독하면 재만 남는 법, 당신을 서 있는 관이라 할까! 이 몸을 어여쁜 상여라 할까!

독한 말에도 달아나지 않고
배암이 제 한 생을 관통해 가는
긴긴 여름날
내가 신을 꽃신 들고

저만치 서 있는

당신

함평댁

말캉하고 순하게 엎드려 있는 땅
약손을 감추었다 내밀듯 손가락 같은 싹이 올라온다
호미질 하는 함평댁
끙끙 앓다가도 새싹 올라올라치면
아픈 것도 싹 잊는다
함평댁 호미로 푸른 싹을 돋우어 주고 있다
흙으로 뭘 그렇게 묻어 싼디야
귀에다 속삭인다
자식들 줄라고 작년에 심은 더덕 뿌리인디
큰 소리로 말하믄 쥐가 듣고 다 파가 버린께
크게 말하믄 안 되어라우
벌써 몇 년째여 혼자 사는 것 외롭지도 안 혀?
부모는 자식 보고 잡어 하루에도 몇 번씩 고샅을 내려다보지만
자식은 어디 그런다요
바람이 휙 지나가며 말 속에 구멍을 뚫는다
돌팔매를 맞은 듯 산꿩이 운다
자식 안 굶기는 그 맴으로 이날 평생 살었지라

생각 허믄 징글징글 허요
맴만큼 갈치지 못해서 항상 미안허요
허리를 토닥이며 일어서는 함평댁
등이 낫처럼 굽었다

매지구름

비누 거품이
나를 태우고 떠올라요
산더미처럼 쌓인 설거지통으로 구름이 데리러 왔나 봐요 멈출 수가 없어요
당신을 불러와야겠어요
습진 돋은 손바닥으로 당신의 고귀한 비늘을 더듬으면
어느새 떨어지는 근엄한 표정의 구름이 꽉 어제처럼 깔리겠지요난 이제 나도 모르게 당신의 가슴을 후빌지도 몰라요
어쩌면 당신의 심장으로 파고 들어갈지도 몰라요
우심방과 좌심방을 들락거리며
당신의 피를 역류하게 할지도 몰라요
리모컨의 작동버튼을 지워버릴지도 몰라요
나더러 햇살이 되라고 노을이 되라고 하지 마세요

당신은 모르죠
식탁에서 당신이 자전거 바퀴를 돌릴 때
나는 외간남자와 블루스를 추어요
머리가 둘 달린 아이를 낳을 거예요 당신이 기를 거예요

평등이라 부르죠

당신도 알다시피 나는 변덕이 심한 여자
더 이상 나를 불러들이지 마세요
끔찍했던 나의 계절은 지났어요
그렇게 쳐다만 보지 말고 우산이나 준비하세요
나는 좀 더 쉬다 갈 거예요

굴뚝

컹컹 개 짖는 소리가 산모퉁이를 돌고 돌아
냇가의 자갈들을 어루만지는 마을
작은 자갈이 큰 자갈의 겨드랑이 사이로 파고듭니다
머리에 흰 수건을 두른 아낙이
아궁이 앞에 쭈그리고 앉아
부지깽이로 잘 마른 참나무를 뒤적거립니다
아낙은 끓어오르는 밥물을 다독거리며
매운 연기를 달게 마십니다
밥물 위로 뜨거운 감자의 몸이 뒤척거리고
어린 딸은 참새처럼 뾰족하게 입을 내밀어
구운 감자를 호호 불며 식힙니다
그것은 마치 일찍 죽은 오라비
배고픈 영혼을 달래는 휘파람소리 같습니다
아낙은 오늘도 끓는 밥물에 감자 몇 알을 던져두고
아들을 생각합니다
굴뚝 위로 모락모락 한숨이 타오르면서
검은 새들이 굴뚝에 앉아
하얀 연기를 부리로 쪼는 저녁

연기되어 사라진 아들을 생각합니다
허공이 푸른 기운을 물고 산모퉁이를 돌아갑니다

얼음 붉새

남자는 휘파람을 불었다. 오므린 입술 속에 은빛 하모니카가 살짝살짝 빛날 것만 같았다. 우리는 손을 잡고 강둑을 걸었다. 기대고 싶은 남자. 허우적거릴 것만 같은 남자. 여자의 남자. 그러나 남자의 어깨는 살얼음처럼 위태했다.

스물두 살이었다. 남자의 반달이 떴다. 반쯤 웃고 반쯤 슬픈 얼굴의 남자. 말이 없던 남자. 여자의 남자. 몇 겹의 어둠을 걷어내고서야 읽혀지는 남자.

남자는 떠났고 빙어들이 휘파람을 불었다. 아이들의 나무팽이가 얼음 위에서 키득키득 돌고 돌았다. 세월의 안과 밖을 굽이치던 강물이 얼음의 각질에 둘러 쌓였다. 바지 밑단이 늘 짧았던 남자. 물속만 보던 남자. 여자의 남자.

남자가 얼음을 깨고 숲으로 날아갔다.

굴참나무 잎사귀를 만지면 얼음에 둘러싸인 남자의 휘파람 소리가 새어나온다.

둥지

팥죽에 든 새알을
입안에 굴리며
어미 잃은 어린 새를 생각한다

깊은 밤
새알 같은 무덤 속
어미 새가 둥지 속으로 들어가
새끼의 눈물을 닦아주는 시간

빙수 같은 달빛이 흘러내린다
바람 소리에 귀를 열면
새끼 찾아가는
어미 새 날갯짓 소리 들린다

꽁꽁 언 새알 같은 달이
새 둥지를 지나간다

무덤 위를 지나간다

물의 울음

당신의 어깨를 뒤에서 툭 치면
찰박찰박 출렁거리는 소리가 난다
히아신스 같은 미소도 함께 출렁거린다
대관절 어디에 물을 담아놓고 있기에
보이지도 않는 물이 졸졸졸 흐르는가
나는 둥근 달의 둥근 틈을 본다
둥근 달의 모서리를 슬몃 잡아당기면
당신의 출렁거림이 출출출 흐른다
당신은 저기 멀리 은하수 위에서
외줄 타던 발 하나가 삐끗 헛디뎌
물의 항아리를 엎지르며 울었을지도 모른다
햇빛의 수레 위로 바람이 불고 또 분다
둥근 달 앞에 서면 나의 마음도 둥글둥글해진다
같은 한숨을 쏟아놓고 마주 보기도 하고
늑골에 깊숙이 숨겨놓았던
문장을 펼쳐놓고 달빛으로 읽기도 한다
그러면 연줄을 매달듯 울음을 매달고 달은 점점 차올라서
풍경이 된다 당신이 된다

나뭇가지가 달의 어깨를 슬쩍 건드리면
출렁거리는 소리를 내다 말고 창백한 미소를 짓는 달
그믐에도 달은 물 항아리를 머금고 있다
달을 보다 잠든 당신의 눈가가 촉촉하다
부르지 않아도 유성이 줄줄줄 떨어지는 밤
유성의 몸은 본디 물이다
울어서 울어서 제 생의 강물을 다 비우고
가벼운 몸이 되어
비로소, 긴 여행을 시작하는 것이다

도란도란

한 꽃잎 길 떠나네요
사뿐 언덕을 넘네요
붙잡아주지 않는 나비를 바라볼 때는
이미 흐르는 물길을 얘기하는 것인가요
너무 멀리 가버려 되돌아갈 수 없는

길을 재촉하는 비는 그쳤지만
강어귀의 가파른 물길에는 달빛도 건너기를 주저하고 있네요
꽃잎은 여전히 강어귀를 맴돌고 있어요
다시 돌아오지 않을 물결 앞에서 무엇을 생각하는가요

상갓집 육개장은 풀어지고
상주는 저린 무릎을 두드리다 다시 엎드린다
목탁 소리와 찬송가 소리가 오래가지 않는 통곡을 배웅하고
화투장에선 비가 내리다 그친다
어지러운 신발을 바로 놓는 상복은 풀어진 상심을 다시 당긴다

가던 물길도 바위 앞에선 잠시 뒤돌아보네요
강을 건너야 해요
꽃잎은 발목을 걷어요
멈칫거리며 흔들리고 있을 때
재촉의 길이 일어서네요

밤이면 멀리서 노래 불러주던 강물
가던 길을 멈추고 파삭한 손을 기다려줍니다
마치 우산을 펼쳐 들고 기다리는 등 넓은 남자이기나 한 것처럼
벗은 발목을 가만히 만져줍니다

뱃잎도 물결도 도란도란 길을 나섭니다

바위 남자

뒷모습이 낯익다
쫓아가서 불러보고 싶지만
언뜻 보이다 사라지고
잊었다 싶으면 문득 내 앞에 서 있는 남자

다시 언덕에서 그 사람을 보았다
머리카락 몇 올이 이마를 살짝 가렸던가
푸른 셔츠 소매를 팔꿈치까지 둘둘 말아 올렸던가
낮은 휘파람으로 아득하게 사라졌던가

'저기요' 하고 불러 세우려 하자
힐끗 뒤돌아보며
희미하게 웃는 남자
그리고는 다시 칡넝쿨 가득한 언덕을 올라갔던가

그는, 천천히 걷는 듯 빠르고
나는, 빠른 듯 천천히 걸었다

여전히 등을 구부리고 언덕을 오르는 남자
그 단단하고 넓은 등에
오늘은 몇 마리의 바람이 앉았다 날아간다
비가 내리면 비를 안고 언덕을 오르는 남자

바위가 남자를 안고 언덕을 오른다

댓잎 소리

남자가 여자를 데려왔네

우우 아아 어린 나는 울었네
밤이고 낮이고 우아우아 우는 댓잎 소리
바싹 마른 내 어깨 두드리고 갔네

오래전 나를 떠난 당신이
오늘도 댓바람으로 뚜벅뚜벅
선잠을 깨우고 가네

남자와 여자와 늙은 내가 도란도란 같이 살던
초가집, 그 초가집 위에
한 아름 달이 훨훨 타오르네

훨훨
사그라지네

제4부

공생

나비가 나비를 쫓는다. 말벌이 말벌을 먹는다. 공벌레가 공을 굴리며 지나간다. 공이 벌레를 굴리며 지나간다. 벌레가 공처럼 동글동글 지나간다. 묘지 위로 당신의 활자들이 그늘을 뱉어낸다. 죽은 아버지의 무덤 위에서 잔디가 풀풀 푸르다. 송장메뚜기가 잔디 위에서 풀놀이를 하며 논다. 풀이 눕는다. 나는 나비였다, 나는 말벌이었다, 공벌레가 웃음을 굴리며 죽은 아버지에게 절을 한다. 아버지가 벌떡 일어나 맞절을 한다. 나비와 말벌이 춤을 춘다. 하늘이 파랗게 놀란다. 봄과 봄비, 여름과 천둥, 가을과 잠자리, 나는 가만히 호미를 들고 오래된 아버지의 문장을 솎아낸다.

슬픈 사자

불그스레한
하늘에 발을 담그고 있다
아침과 저녁 사이에
그는 골몰한다

몇 생이
바뀌었다고 생각했는데
그의 몸은
한없이 가벼운데

목과 등허리 사이가 다시 팽팽해진다

심장을 찢던
송곳니와
날카로운 발톱이
긴 속눈썹 속에서 노을 진다

그의

몸속에는
초원의 울음소리가 갸르릉거린다

저기 저 바위구름
한 귀퉁이로 자리를 옮기는
석양 한 마리

붉은 풀 하나가
작은 숨을 고른다

선녀와 나무꾼

어느 행성에서 추방당한 왕의 셋째 딸 공주, 마을버스 정류장 앞에 쪼그리고 앉아 있다 고구마 줄기를 벗기고 완두콩을 까고 도라지 껍질을 벗긴다 수세미처럼 헝클어진 머리카락 주름진 얼굴로 가끔 먼 행성에서 온 타전을 기다리듯 하늘을 올려다본다 그럴 때면 이마에 별의 지문이 패이곤 한다

저린 오금을 두드리며 은하수 바닥을 당겨 앉는 공주의 발엔 해독 불가능한 문장이 새겨져 있다

흰 구름이 숙제검사를 하듯 껍질 벗긴 도라지를 찬찬히 들여다본다 흥정이 끝나자 왕의 은밀한 지령을 받은 듯 공주의 곁을 지키는 바람이 재빠르게 까만 비닐봉지를 부풀려놓는다 햇볕 한 줌을 받는다 지상의 계산법이 서툰 공주는 한 움큼의 덤을 얹어주고 행성에 대한 새로운 이야기를 듣는다

문득 궁 안에 지천으로 널려 있던 빛나던 것들이 스쳐지나간다

사신으로 왔던 바람도 돌아가고 메디팜 약국 빌딩 그림자가 사자발톱처럼 공주의 등을 내리누른다 공주는 하루치의 별을 지우며 좌판을 걷는다

지상에서 나무꾼을 만난 죗값은 눈물로는 갚을 수가 없다

피리가 될 때까지

난 중얼거리지
같은 말을 반복하는 건
속에 얼음이 가득하다는 것
뱉어내고야 말겠다는 것
듣는 사람이 있거나 아무도 없거나
나는 말하지
아는 것을 말하지
모르는 것도 말하지
분홍으로 말하지 초록으로 말하지
사람은 바람보다 불안하고
의자는 사랑보다 믿을 수 있다네
삐걱거리며 기다린다네
슬프지 않으려고 중얼거리지
못이 들어가며 보게 되는 어둠으로
유리가 부서지며 쏟아지는 아픔으로
풍선처럼 중얼거리지
가로등처럼 중얼거리지
보도블록처럼 중얼거리지

밤은 왼손을 펴듯 오고
허리를 접듯 깊어지네
이해할 수 없는 시간을 접으면 꽃이 되고
분노처럼 눌린 계단을 펴면 아름다운 거리가 된다네
나는 말하지 않곤 못 견디지
가슴에 구멍이 뚫리도록 말하지
몸이 피리가 될 때까지 말하지
당신의 심장에 구멍을 뚫을 때까지

향나무 속으로 들어가다

나는 서른아홉 살이 됐고
저 향나무는 칠백 살이 넘었다

향나무는 철제 갑옷을 두르고 프름바이오*를 빨아 마시고 있다
좀처럼 쓰러지지 않을 것처럼 당당하게 서 있는 저 나무

당신들의 숱한 죽음 앞에서도 끈질기게 살아남았을 칠백 년, 그렇게 살아남아 천연기념물이 된다면, 그 또한 커다란 농담이 아닐까? 칠백 년이 넘은 향나무와 이제 고작 서른아홉밖에 처먹지 않은 비루한 인간 중에 누구의 농담이 더 무겁다고 할 수 있을까?

나는 푸른 하늘 위로 함몰된 젖꼭지를 빨리는 늙은 향나무를 본다. 늙은 향나무의 생장점을 본다. 나도 저 하얀 젖무덤에 얼굴을 파묻을 수 있다면, 그리하여 그것이 내 여윈 손목을 잡을 때까지 묵묵히 이 자리에 서 있을 수 있다면 나도 저렇게 단단해질 수 있을까?

내가 이 나무에 나의 가느다란 뿌리를 박는다면 천 개의 나이테로 다시 태어날 수 있을까?

나는 자박자박 걸어가, 뻥 뚫린 빈 구멍 속으로
작은 머리통을 디밀어본다

---

*막대 식물 영양제.

죽음을 소환하다

끝이 보이지 않는 골목에 서 본 적이 있다

잿빛 그림자 하나가 밤새 눈언저리에서 머뭇거린다
그 뒤척이는 몸짓과 한밤을 뒤엉키다보면
취한 듯 어지러운 바람이 당신의 램프를 흔들며 지나간다

재빠르게 가로질러 가는 당신의 조등을 들어올려
주검 이전의 죽음을 가만히 들여다본다

무덤에서 엉킨 쑥을 뽑다 울음의 뿌리를 건드린 듯
울음은 울음을 차마 끊어내지 못하고 울음의 뒤편에 서 있을 뿐,

당신과 나는 이별과 이 별을 나누어 가진 것이 아니라
긴 골목의 지분을 조금 나눠 가졌을 뿐이므로,

무덤의 단추를 풀자 흰 나비 한 마리
천칭자리로 날아오른다

샐비어

그해 여름,
누이는 온몸으로
생리를 했다

해질 무렵
산마루에 나가면
가랑이를 벌린
싯붉은 저녁달

밥 짓는
굴뚝 사이로
흐드러졌다

네트워크

바람이 세차게 불어왔다
그녀는 잠시 가던 길을 멈추고
그를 찾아보았다
그가 사라지고 없었다

모든 바람은 의혹이 키운 날개였으므로
확실한 실체를 보았다는 메일도 도착하지 않았다
껌벅거리는 커서 너머로
무선의 마우스 한 마리
빌딩숲 속에서 스크롤을 움직인다

그녀는 두리번거림을 멈추지 못한다
신호등의 푸른 불빛도 도무지 그의 행방을 찾을 수 없다
갈 수도 멈출 수도 네거리 한복판에서
그녀는 이제 바람의 소문은 덮어두기로 한다

가로등은 더 이상 기쁘지 않다
사방의 안개가 그녀의 슬픔을 에워싸기 시작한다

구부정한 어깨로, 허우적거리면서, 흔들리면서,
어떤 모니터의 불빛을 노려보고 있다

어떤 시간이 이모티콘 하나로 전송된다

門

나무는 문을 잠그지 않는다
나무의 살갗에 귀를 기울이면
스르르 빗장이 열린다

나무의 방을 열어볼 때는
최대한 몸을 낮출 것
나무의 방을 들여다본 후에
휙 돌아서지 말 것

거대한 나무의 방에 들어가 봤다
거미 한 마리 정교하게 집을 짓고 있다
한 나무의 문을 열고 들어갔다
방에는 수많은 발자국들이 찍혀 있었다
몇 개의 방은 지나쳤고
어느 방에서는 걸려 넘어졌다

나무의 방을 열어보는 일은 울음을 참는 것
어떤 나무도 눈물의 방은 하나씩 있지

나무의 방은 울음도 초록이어서 싱싱하지
어떤 나무의 방에서는
젊은 아버지가 죽은 아이의 발을 붙잡고 울고 있을지도 모르지
내 방을 열어보는 당신은
나의 어느 방에서 울다 가려나
나무는 문을 잠그지 않는다

환장

아흐 어쩐댜, 시방 저기 봄은 오는디, 징허게 꽃도 필 텐디, 동백나무 숲으로 달려 가야는디, 씨뻘겋게 벙근 꽃봉오리 오매불망 기다릴 텐디, 나비도 벌새도 따라올 텐디, 아지랑이 머리 풀고 달려와 화들짝 소리칠 텐디, 애기 조막만한 능금도 어서 와 어서 와 손짓할 텐디, 아흐 어쩐댜, 조륵조륵 주륵주륵 비가 오네 비가 와, 물꼬도 막고 씨앗도 뿌려야 하는디, 꿈뻑꿈뻑 송아지도 몰고 와야 하는디, 아따 싸게싸게 장독도 덮어야 쓰는디, 바지랑대 빨래도 걷어야는디, 우산 들고 막둥이 마중도 나가야 하는디, 아따 미치고 팔짝 뛰고 환장하겄네,

당신의 그 붉은 입술 땜시롱, 가슴 뛰게 하는 저 말굽 소리 땜시롱, 꼬리 살랑살랑 흔들며 깨처럼 부서지는 사금파리 땜시롱, 아흐 어쩐댜, 나 발을 잘못 들었나벼, 발바닥이 천근이라 한 치도 떨어지지 않아부러, 발등이 빠지고 종아리까지 푹푹 빠지는 거 보인당가, 이러다 가심도 빠지고 주름진 얼굴도 폭삭 빠지겄어, 아흐 어쩐댜, 돌아가야 하는디, 자꼬만 꽃잎이 간질간질 내 발바닥을 붙잡고 놔주질 않네 그려, 당

최 나가려고 해도 당최 이 숲을 이 강을 이 황톳길이 내 팔을 붙들고 매달려 부네,

환상통처럼 바람이 울며 지나간다

황사 바람이 불어왔다. 발이 보이지 않는다. 허우적거리지 않기 위해 나는 계속해서 허우적거렸다. 거칠게 몰려오는 바람의 파편에 잠이 깨졌다.

내 꿈속의 나무는 자신의 그루터기를 본다. 욱신거리는 다리로 구부정하게 서서 돌아오지 않는 새떼를 그릴 때 그 나뭇가지 위로 환상통처럼 바람이 울며 지나간다. 비비새 소리 하나 없는 숲은 제멋대로 가지가 휘어지며 여기서 저기로 날아다닌다.

속눈썹에 단단히 붙은 무서운 꿈을 털어낸 울울창창한 숲은 어디에 있을까? 나는 자꾸만 내 꿈의 모퉁이를 서성거린다.

누군가 끊임없이 나를 부른다.
나를 부르는 끊임없는 누군가의 바람 소리
소리 소리여!

갑자기 천 개의 다리가 돋아나, 당신이 가지 않은 그곳으로 내 몸뚱어리를 끌고, 환상통처럼 바아람 바아람 울며 지나간다.

바람 상여

한 사람을 떠나보냈다
바람 안에 들어 있는 꽃잎 같은 사람

꽃잎을 태운 상여가 휘적휘적 강어귀에 당도하면
음메음메 노을이 따라오고 있었다
땅 위 모든 그늘을 별자리와 바꾸면서
소복처럼 하얗게 웃고 있었다

꽃잎을 만나고 싶어서
나 바람을 사랑했다
꽃 같은 바람
사랑했던 사람은 눈빛이 깊어 바람을 열고 사라졌다

강가에 가끔 도착한다는
목구멍이 여럿인 바람
잠긴 목으로 강을 찾아가면
꽃잎과의 조우

강물엔 울음 같은 바람이 있다
떠나간 사람이 있다

한밤 내 상장(喪杖)*처럼 꽂히는 별빛 하나가 있다

---

*상장(喪杖): 상례나 제사 때 슬픔을 가눌 수 없어 짚는 지팡이.

태풍을 그리다

저것은 작은 바람 속의
큰 바람 큰 바람 큰 바람
일필휘지 큰 붓의 획 하나가
저 숲을 춤추게 한다
숲속에서 다람쥐와 청솔모와 개미들이 튀어나오고
그 위로 길 위의 아스팔트가
우두둑 뜯겨져 나간다
나자빠진 전봇대 등 뒤로 덧칠되는 가로수의 조등

빠른 붓질로 더욱 어지러운 하늘과 땅의 경계
붉은 해 하나를 그리자 산모퉁이가 기우뚱거리고
지붕 잃은 집들이 뼈대를 잡고 부르르 떨고 있다
뿌리를 솟구친 그림 위로 어깨 잘린 소나무가
술 취한 듯 비틀거리다 픽픽 쓰러지고 있다

배낭을 멘 등산객이 종이나무를 움켜쥐고
그림 속으로 들어가기 위해 필사적이다
저 이름 없는 등산객은 생애 처음 9시 뉴스

공중파에 전근대적으로 소개될 것이다

이 날렵한 그림 건너편에는 성한 나무들이 소파에 앉아 있다
에어컨과 선풍기를 동시에 돌리며
수박화채를 떠먹으며 브라운관 속의 태풍을 관찰한다

브라운관 뒤로 풀들이 일어선다 한 풀 두 풀 세 풀
큰 바람에 몸을 부풀린 이쑤시개 같은 풀들이
거대한 아름드리나무로 자라면 이 집을 폭삭 덮을지도 모른다
바람의 공력으로 숲이 춤을 춘다
강물의 수문이 들썩거린다

아버지

골목이 자꾸만 바람을 밀어낸다
허리를 구부리고 자라목을 한 한 때의 바람이
검정 비닐봉지처럼 펄럭이는 저녁
쫄쫄쫄쫄 검둥개처럼 비루하게
오줌을 누는 사내의 뒤를 따라가 본다
사내는 누가 볼까 고개를 돌려 뒤를 살피며
축이 기울어진 어깨를 들썩이며 진저리를 치고 있다
오줌은 높은 곳에서 낮은 곳으로 흐르고
사내는 낮은 곳에서 높은 곳으로 헉헉대며 흐른다
갈지자로 흔들흔들 춤을 추며
검정 비닐봉지 펄럭이며 집으로 가는 저 사내
가로등 불빛에 점화된 사내가
검게 타오르며 골목을 밀어내고 있다
세상에서 제일 못난 무능력자 울 아버지가
온 세상을 밝히며 터벅터벅 집으로 가신다

어떤 슬픔은 마주치면 화석이 된다

해설

'당신'에 대하여: 영혼의 시학

전해수(문학평론가)

유안나 시인의 첫 시집 『당신의 루우움』에는 하나의 이름으로 규정할 수 없는 여러 모습의 '당신'이 있다. 이를테면 유안나의 '당신' 표상은 유년의 '고향'(「북채」, 「아버지」, 「대추」)을 상기시키거나, 그리운 이름 '어머니'(「산벚꽃」, 「하늘 어디를 구르다 나오시는가」, 「콩나물에 대한 단상」, 「백야」)이다가, 때로는 우리 '이웃 사람'들(「금자 씨」, 「함평댁」)의 모습으로 등장하기도 하고, 이루지 못한 '옛사랑'(「누흔」, 「능소화」, 「현기증」, 「서어나무 우듬지를 본다는 것」, 「얼음 붉새」)인 그리운 대상이 되며, 더 나아가 내 영혼의 안식처로서의 '절대적 존재'(「당신의 루우움」)를 떠오르게도 한다.

이처럼 다양한 모습으로 표출되는 '당신'은 '죽음'과 '이별'

이라는 단절된 감정을 시화(詩化)하면서 깊은 비애감을 전한다. '당신'을 통하여 만나는 시편들은 천편일률적 이미지를 생성하지 않고 다양성을 확보하면서도 인류가 공감하는 슬픈 이미지를 개성적으로 형상화하여, 세상의 모든 '당신'을 향한 연민의 감정을 절실하나 담담하게 보여준다.

시인이 이제 비로소 세상에 내놓는 시집 『당신의 루우움』은 그러므로 '당신'을 그리워하며 부르는 애틋한 노래로 세상의 모든 당신과 나의 영혼을 위무하는 세계를 펼쳐 보인다. 그것은 '당신'과 '나'의 진심이 서려 있는 세계이기에, '영혼의 시학'이라 불러도 지나친 수사는 아닐 것이다.

> 당신은 문을 활짝 열어놓고 나에게로 온다
> 와서 쉬어가라 한다
>
> 어제는 짐이 무거웠으므로
> 오늘은 밖으로 들어간다
>
> 당신의 안이었으나
> 잠긴 문이 여럿이어서 당신의 모습을 찾을 수 없다
> 어두운 빛만 새어나올 뿐이다
>
> 당신을 열기 위해 오랜 시간 마음을 벼렸는데

문 앞의 거울은
딱딱해지고 구겨지고 있는 내 모습을
되비치고 있다

당신을 먹고 마시고
나는 당신 안에 있으니
나를 키우는 흙
그것은 당신에 대한 나의 그늘

거울을 밀치고 들어간다
하나의 방을 열면 열 개의 방이
열 개의 방을 열면 백 개의 천 개의 방으로 이어지고 있다

당신의 발자국 소리는 맛있지만
당신이란 당신은 도무지 먹을 수가 없다

나는 당신의 거울을 버린 적이 없어서
나는 당신의 겨울이 되기로 한다

씨앗 한 줌을 들고
돌밭의 부드러움을 판다
당신의 루우움을 판다

—「당신의 루우움」 전문

표제 시 「당신의 루우움」은 "당신"과 "나"의 관계를 대비적 구도로 그린다. 그것은 마치 "흙"과 "씨앗"의 관계와도 같다. "씨앗"에게 있어 "흙"은 절대적이다. "나"는 "당신의 루우움"을 파고 그 안으로 들어가 꽃피기를 열망한다. 마치 절대자와 절대자를 향한 구도자의 관계가 자연스럽게 연상된다. 당신과 나의 관계는 무한한 대자연(흙)과 그 속에서 숨 쉬는 생명체(씨앗)의 관계처럼 종속적이지만, 나에게 당신은 신의 존재와도 같은 유일(唯一)의 안식처이다.

당신에게 향하는 길은 그러므로 위로의 길이 된다. 일상의 피로에 지친 나에게 "당신은 문을 활짝 열어놓고" "와서 쉬어가라" 하지만 당신에게 다가가는 길은 안으로(영혼으로) 향하는 길이어서 쉽지 않다. "하나의 방을 열"어 보면 "열 개의 방이/열 개의 방을 열면 백 개의 천 개의 방"이 당신을 향하는 나의 길을 가로막고 있다. 이 숱한 "방"들은 당신의 부재를 확인해줄 뿐이며, 당신의 진심은 알 길이 없지만, 당신은 다다를 수 없는 저 세상 '바깥'에 여전히 존재하고 있다고 믿는다.

유안나의 '방'엔 "안"과 "밖"의 이미지가 도치(倒置)되어 있어 흥미롭다. 예컨대 "어제의 짐이 무거웠으므로/오늘은 밖으로 들어간다"의 시행이 의미하는 바는 과거 내가 감당해야 할 책무가 힘겹고 무거웠으나 그것을 잘 이겨냈으니 이제는 세상의 무거운 짐을 내려놓고 의무감으로 가득한 이 세상 "안"을 벗어나 "밖"의 세계(당신의 세계)로 가 편히 쉬고자 한다는 것이다. 내가 있는 곳, 바로 이 세상이 "안"이라면, 세상 "밖"은 결국 "당신의 안"이 된다. 위 시는 안과 밖에 대한 철학적 관점이 제기되어 있다.

그런데 그 "밖"은 다시 "방"으로 이어진다. 이 "방"은 "루우움"의 공간으로 다시 변형된다. 여기서 "루우움"은 '룸'과는 분명 다른 것으로, 가시적 공간이 아니라 '공감'의 장소라 할 수 있는 비가시적 공간이 된다. 시의 앞부분에 사용된 "방"의 의미가 당신에 이르기 위해 지나가야 하는 '장애물'로 여겨진다면, 후반부의 "루우움"은 당신과의 만남을 예정하는 '편안한 장소'라 할 수 있다. 나는 나의 의지로 당신이 머물 "당신의 루우움"을 기꺼이 만들고, 나만의 당신을 그 "루우움" 안에 머물게 한다. "루우움"은 "나"의 진심에 의해 만들어진 영혼의 쉼터인 것이다.

또한 유안나의 "루우움"엔 '거울'의 이미지가 등장한다. 거울은 성찰 즉 자신을 투사하는 매개체로 흔히 사용된다. 거울 속의 나를 들여다보는 것은 성찰적 자아를 만나려는 행위라 할 수 있다. "거울을 밀치고 들어간다"와 "나는 당신의 거울을 버린 적이 없어서"의 두 표현은 '거울'을 통해 대면하는 자아를 암시한다. 내가 바라보는 '당신'은 실은 거울을 사이에 둔 바로 '나'를 향해 있다. '내 안'에 머무는 절대적 자아의 영혼이 바로 '당신'과 오버랩이 되는 것이다. "흙"이기도 하고 "루우움"이기도 한, 내가 쉬고 의지하는 "그늘"은 바로 내 안의 휴식을 관장하고 있는 '당신'이란 절대적 존재이다.

자신으로부터 출발하여 자신에게로 되돌아오는 「당신의 루우움」은 내면의 불완전한 자아를 토닥이며 스스로를 궁굴리고 위무하는 모습을 보인다. 위 시는 '당신'이라 부르며 간절히 원하는 대상이 지닌 시공간적 제약을 '루우움'의 세계로 짐짓 전환하는 시인의 능숙한 시적 기교가 돋보인다. 시인이 말한 '세공사'의 손놀림처럼(「시인의 말」) '룸'이 지니고 있는 도식적 공간의 의미를 '루우움'이라는 영혼의 장소로 전환시키고 있는 것이다.

시인이 지닌 언어적 감각과 의미의 깊이는 '루우움'의 표현으로 볼 수 있듯이 가시적 공간의 한계를 극복한 내면의 자유공간을 확보한다. 이것은 '룸'보다 훨씬 유연한 공간으로 생성된 것이다. '루우움'은 이제 심미적 공간으로 다시 태어났으며, 안식의 장소를 표방한다. 시인이 새롭게 인식하고 있는 이 영혼의 안식처 '루우움'은 '당신'이 거처하는 공간이지만, 한편으로는 '당신'에게 다가가거나 마주하거나 손잡을 수 없도록 일정한 거리를 지니는 "내면"의 세계로 규정된다.

그런데 때로 유안나 시의 '당신'은 당신의 "빈자리"에서도 당신이란 존재를 구체화된 대상으로 표출하고 있다. 부재하는 당신과 나와의 교감은 실재가 아니라 영혼의 교감이라 가능한 일이다. 시 「산벚꽃」을 통해 이를 구체적으로 살펴보고자 한다.

자리가 비어 있다
그 자리 무엇으로 채울까
당신이 두고 간 서랍을 뒤적여본다

서랍 속엔 알약 같은 별들이 나뒹굴고 있다

미래도 서랍처럼 살갑게 열리고
빠르게 늙어서 무엇이든 다 알았으면 좋겠다

어디서 오는지 모를 황사바람에 걸려 넘어지면
나는 언덕에 앉아 울었고
노복처럼 하늘을 흘겼다

빈자리가 따끔거린다
봄밤을 메우기 위해 꽃이 피어났다고 생각하며
통증을 달래야 할까

흉터는 이쪽과 저쪽을 가로지른다
장례식장에서 사랑하는 사람을 떠나보내는 것도 생의
구덩이를 파는 일

방패연을 놓친 아이처럼 하늘을 바라본다
날아간 연줄은 울음을 달고 어디에도 걸리지 않는다

흰 그림자에 산벚꽃을 채워 넣어야 할 것 같다

하늘도 빈자리에 별을 채워 넣고 있다
나 여기 있다, 라고 대답해주는 하늘을 바라본 적 있는가

여기 자리를 비우고 그 별에서 깜박이는 당신을 바라
본다

—「산벚꽃」 전문

유안나 시에 등장하는 '당신'의 공통점은 항상 '부재하는 당신'이란 점이다. 위 시의 '빈자리'는 당신의 자리로 상정된 '슬픈 자리'이다. 당신은 내 곁에 없기에 내 마음은 서러워지고 나는 "하늘"을 원망하며 하늘을 향해 눈을 "흘"긴다.

언젠가 사랑하는 사람을 잃는다는 것은 모든 인간의 숙명이다. 시인은 사랑하는 이가 떠나고 없는 장례식 이후의 "빈자리"를 채워보려고 애쓴다. 죽음은 장례식의 절차처럼 "생의 구덩이를 파는 일"이란 것을 깨달으며 봄밤의 빈자리에 핀 "산벚꽃"을 응시하는 것이다. 죽음의 그림자에 "산벚꽃"을 채워 넣는 시인의 순정한 시심(詩心)이 알싸한 봄밤의 산벚꽃 향기로 애잔함을 더한다.

그러나 사랑하는 사람을 영원히 잃는다는 것은 지워지지 않는 "흉터"가 되어 평생 남는 것이다. 그 "흉터"는 영원한 이

별에 의해 생겨난 것이며 생의 "이쪽과 저쪽을 가"르는 것이어서 결코 아물지 못한다. 그런데 이별의 아픔을 달래주는 것은 그 빈자리를 "메우"며 활짝 피어난 산벚꽃이며, 이처럼 피고 지고 또다시 피는 작은 생명의 섭리를 통해 시인은 죽음의 한계를 달리 극복하고자 한다. 이른바 "빈자리"를 메워준 "산벚꽃"을 통해 교체되는 생사(生死)를 마주하며, 슬픈 마음을 달랜다.

이제, 마음의 "빈자리"는 "하늘"로 다시 옮아가고 있다. "산벚꽃"으로 채워 넣은 "빈자리"는 "하늘"자리로 눈길을 돌려 "별을 (그 자리에) 채워 넣"는다. "나 여기 있다"며 그 "별"에서 깜박이는 "별"이 된 "당신"을 "나"는 바라본다. "여기 자리를 비우고" 하늘의 자리로 되돌아간 당신의 음성을 나는 설핏 들은 듯도 한 것이다.

죽음→하늘나라, 산벚꽃→별로 대칭된 위 시의 구도는 결국은 죽음에 의해 사라진 인간의 영혼이 저 하늘의 별이 되어 그 닿을 수 없는 거리감을 주지만 이생의 "산벚꽃"이 다시 피어나 그 자리가 채워지고 있음을 이야기한다. 이제 이생에 없는 (죽은) 영혼에 대한 그리움은 날아간 "방패연"처럼 되돌아올 수 없는 것이니, "방패연"이 날아간 저 자리에 저 "별"이 깜박이고 있는 것이니, 혼백의 "흰 그림자" 그 빈자리를 채워 넣을 "산벚꽃"이 여전히 만발할 것이니, 생은 또다시 다른 모습으로 반복될 것이니, 당신이 떠난 "빈자리"는 이제 더 이상 비어 있는 자리가 아닌 것이다.

매미는 이제 노래를 둘둘 말아 등에 메고
먼 길 떠날 채비를 하고 있다
공원 화단에 칸나는
죽은 꽃잎을 날려 보내야 할지 땅속에 묻어야 할지
생각에 젖어 있다
분꽃은 한여름을 잘 익혀
이미 열매 속에 담아놓았다
풀벌레는 목구멍이 좁아져
입술만 들썩인다

그러니까 무엇에서 무엇으로 건너가고 있다

냇가의 돌은 구르고
달은 둥글어지고 있다

칠월 열이레
오늘은 어머니의 기일이다
어머니는 또 하늘 어디를 구르다 기우뚱한 모습으로
나오시는가
저 돌이 달로 둥글어지기까지는
얼마나 많은 뼈마디를 구부려 넣었을까

전라선 밤차를 타고 푸른 문을 열면 만나고 올 것 같은
달의 이마

그 둥근, 하늘

—「하늘 어디를 구르다 나오시는가」 전문

생(生)과 사(死)를 모두 겪는 자의 숙명은 "그러니까 무엇에서 무엇으로 건너가고 있"는 만물의 이치에 순종할 수밖에 없다. "무엇에서 무엇으로 건너가고 있다"는 우주론적 깨달음은 이번 시집을 통해 드러나는 유안나 시인의 '시적 명제'로 보인다. 생명의 소멸은 거부할 수 없는 것인데, 이 만물의 생성과 소멸은 바로 "무엇에서 무엇으로 건너가는" 필연의 변화를 갖는다. 시인은 이 변화에 지속적인 관심을 둔다.

특히 '죽음(소멸)'은 두려움이라기보다는 떠난 자에 대한 그리움과 외로움을 동반하기에 더욱 아프다. 죽음을 소재로 한 시는 「하늘 어디를 구르다 나오시는가」 외에도 「비 냄새」, 「아우슈비츠—눈」, 「킬링필드」, 「고흐의 잠」 등 시인의 남다른 관심으로 시화되었는데 그 시적 형상화의 범주는 넓고 다양하게 표출된다. 즉, 시인이 직접 목도한 죽음(「비 냄새」)을 다룰 뿐만 아니라 사회적 사건, 역사적 사건 등을 망라하여(「아우슈비츠—눈」, 「킬링필드」, 「고흐의 잠」) 죽음의 대상과 그 의미를 파헤친다. 유안나 시인은 죽음으로 "건너가

는" 생명의 소멸을 깊게 응시하고 있다.

인용 시 1연은 이처럼 삼라만상의 변화를 바라보며 모든 살아 있는 것들의 생성과 소멸에 대해 말한다. "매미"의 지난한 삶의 "노래"도 화단의 붉은 생명 "칸나"도 미미한 "풀벌레"조차도 "무엇에서 무엇으로" 생과 사의 순리에 따라 그 모습을 달리하고 있는 것이다. 산 것은 죽고 죽은 것은 다시 다른 생명체로 되살아난다는 윤회의 방식이 드러나 있다.

"어머니의 기일"에 이르러 생사의 의미를 헤아리는 시인의 감정은 "전라선 밤차"를 타고 오르는 귀향길이어서 더욱 애잔한 그리움에 젖어든다. 귀향길에 바라다본 "둥근, 하늘"은 삶과 죽음이 한 울타리로 엮여 있는 이 세상의 모습을 대변해준다. "그 둥근, 하늘"의 윤회성이 "무엇에서 무엇으로 건너가고 있"다는 시인의 근원적 깨달음과 맞닿아 있는 것이다. "냇가의 돌은 구르고/달은 둥글어지고" 있는 것에 시인의 시선이 여전히 머물러 있음을 알 수 있다.

당신의 어깨를 뒤에서 툭 치면
찰박찰박 출렁거리는 소리가 난다
히아신스 같은 미소도 함께 출렁거린다
대관절 어디에 물을 담아놓고 있기에
보이지도 않는 물이 졸졸졸 흐르는가
나는 둥근 달의 둥근 틈을 본다

둥근 달의 모서리를 슬몃 잡아당기면
당신의 출렁거림이 출출출 흐른다
당신은 저기 멀리 은하수 위에서
외줄 타던 발 하나가 삐끗 헛디뎌
물의 항아리를 엎지르며 울었을지도 모른다
햇빛의 수레 위로 바람이 불고 또 분다
둥근 달 앞에 서면 나의 마음도 둥글둥글해진다
같은 한숨을 쏟아놓고 마주 보기도 하고
늑골에 깊숙이 숨겨놓았던
문장을 펼쳐놓고 달빛으로 읽기도 한다
그러면 연줄을 매달듯 울음을 매달고 달은 점점 차올라서
풍경이 된다 당신이 된다

—「물의 울음」 부분

"둥근 달 앞에 서면 나의 마음도 둥글둥글해진다"고 시인은 "히아신스 같은 미소"를 짓는다. 그러나 "둥근" 것들의 뒤에는 "울음"을 쏟아낸 (아픈) 순간이 있다. 달은 이 "울음을 매달고" "차올"라 마침내 둥글어진 것이다. "둥근 달"은 "졸졸졸" 흐르는 "물 항아리"를 품고 있으며, "달빛"은 "당신의 출렁거림"도 "출출출" 흐를 것을 알고 있는 것이다. 이처럼 "둥근 달"의 숨겨진 아픔은 "물의 울음"으로 표출되고 당신은 위로를 받는다.

그렇다. 이제 시인이 찾아낸 "깊은 한숨"과 "늑골"의 "문장"은 "물의 울음"에 가닿은 "둥근 달"의 모습을 보이며, "풍경"으로, "당신"으로, 재탄생한다. "물의 울음"을 읽어내는 '당신'(여기선 시인이라 말하고 싶다)을 통해 시의 아름다운 "풍경"이 펼쳐지는 것이다.

물기에 젖은 영혼을 본다. 그리움이란 이런 것인가. 젖어 있는 영혼의 울음을 "달빛"으로 읽는 것. '당신'이 오고 있는가. 『당신의 루우움』을 통과하며 내 안에 머무는 '당신'이 이처럼 오는가. "물의 울음"을 안고 "출출출" 오는 것만 같으니…… 문득, 나에게로 '올' 당신이 기다려진다.

이 도서의 국립중앙도서관 출판시도서목록(CIP)은 서지정보유통지원시스템 홈페이지(http://seoji.nl.go.kr)와 국가자료공동목록시스템(http://www.nl.go.kr/kolisnet)에서 이용하실 수 있습니다.(CIP제어번호: CIP2016011780)

시인동네 시인선 055

당신의 루우움

초판 1쇄 인쇄 2016년 5월 23일
초판 1쇄 발행 2016년 5월 30일
지은이 유안나
펴낸이 고영
책임편집 류미야
디자인 헤이존
펴낸곳 문학의전당
출판등록 제311-2012-000043호
주소 서울시 은평구 연서로11길 7-5 401호
전화 02-852-1977 팩스 02-852-1978
전자우편 sbpoem@naver.com

ISBN 979-11-5896-257-9 03810

*이 시집은 서울문화재단 2014년 문학창작 발간지원 사업의 지원을 받아 제작되었습니다.

서울문화재단